Le chant psychédélique du moustique

Livia MACWRITE

Le chant psychédélique du moustique

© 2015, Livia Macwrite
Éditeur : BoD - Books on Demand,
12/14 rond point des Champs Élysés, 75008 Paris
Impression : BoD - Books on Demand, Allemagne

ISBN : 9782322039678

Dépôt légal : Août 2015

*Des mots en guise de baume
pour apaiser le sang
et faire fleurir le bois.*

Table des matières

Aïe	9
En(quête)	10
Dommage	11
Les mots difficiles	12
Colère	13
Peur d'enfant	14-15
Le dessin	16
S'il ne devait en rester qu'un	17
La réunion	18
Sagesse ennemie	19
Bel oiseau	20
C'est terminé	21
Il faut épurer	22
La course	23
La bonne place	24
Je ne vous dis pas merci	25
Le petit-déjeuner	26
Parents - enfants	27-28
Quelle chaleur !	29
L'écriture	30-31
Stop	32
Tout feu, tout flamme	33
Trou noir	34
Le hasard ?	35
Bientôt Noël	36
Un monde meilleur	37
La chasse	38
Surprise !	39-40
Pas envie de crier	41
Ne parlons plus musique	42-43
Poivre et sel	44
Le bon numéro	45

Secrets de famille	46-47
De l'air	48
Un peu de lassitude	49
Bonne soirée !	50-51
Ma sœur	52-54
Quel vacarme !	55
Point d'interrogation	56
Le collier	57-58
Méfiance	59
Touché !	60
Abri	61
Intox	62-63
Évidence	64
Plaisir d'été	65-66
Soupe à la grimace	67
Un choix difficile	68
Ailleurs	69
Un autre jour	70
Casse-tête	71
Reviens	72
Bas les masques	73-74
Le discours bricolé	75
Drôles de vacances	76-79
La chambre	80-81
Illusions	82
Mamie	83-85
Instants précieux	86
Rêve de gloire	87
Que d'histoires	88
Et demain ?	89
Fille de glace	90-91

Aïe

La vie est un cadeau. J'ai souvent entendu cette phrase sentencieuse, forcément exprimée avec certitude. Pourtant je ne suis pas sûre de m'en accommoder. Je suis comme un enfant devant un hérisson. Excité et curieux par une si belle trouvaille mais ne sachant pas par quel bout la saisir.

En(quête)

Je me surprends parfois à penser que j'aimerais être un homme...

Un homme fier, franc et sincère. Un homme qui impose le respect et sait se faire comprendre sans avoir à parler. Un regard droit et profond, légèrement teinté de mélancolie. Il saurait s'émouvoir et sourire. Je l'imagine effleuré par le charme des ans, pas vraiment beau mais élégant.

J'aimerais parfois être cet homme-là, mais j'en suis loin. Je suis bien autre chose, que je ne sais pas toujours définir, qui me surprend parfois et me déçoit souvent. Je suis moi, simplement, que j'apprends à connaître tous les jours un peu mieux et qui, insidieusement, a pris sa place et s'est fait accepter. A force de s'observer du coin de l'œil, de se bouder, de se toucher et de se perdre, on a fini, moi et moi, par ne faire qu'un. Un être tout entier qui se débat tant bien que mal pour avancer dans ce monde qui lui est étranger. Mais peu importe ; aujourd'hui, même s'il me manque des réponses, même si j'ai cherché longtemps ce que je pouvais être sans véritablement le découvrir, j'ai au moins une certitude, celle d'avoir quelque chose en moi.

Dommage

Jamais ils ne m'ont dit qu'ils étaient fiers de moi. Chez nous ça ne se disait pas. Les gestes de tendresse, les baisers, les caresses - ces prétendus signes de faiblesse - c'était bon pour le chien. Lui on l'aimait bien, il ne dérangeait pas. Tout ça c'était normal. On ne pense pas faire du mal. La famille idéale. Enfants bien élevés, maison bien rangée, frigo bien rempli. On fait partie de la ronde, c'est comme ça chez tout le monde.

Moi je ne crois pas à tout cela, ou plutôt je n'y crois plus. Je suis sûre que ce n'est pas foutu, on peut faire autrement. Et ce n'est pas qu'une question de génération. On dit avec juste raison qu'il ne faut pas monter sur scène si l'on n'a pas de talent, ne pas chanter l'opéra si l'on a pas de voix. Alors pourquoi faire des enfants si l'on n'a pas le temps de leur remplir le cœur avant qu'ils ne soient grands.

Les mots difficiles

J'avais peur. Peur de paraître faible. Mais on ne peut indéfiniment garder ses sentiments pour soi. Lorsqu'on réalise enfin que l'on peut tout dire à ceux que l'on aime, il est souvent trop tard. Les paroles que l'on aurait souhaité partager avec eux, ils ne sont plus là pour les entendre. Ne reste alors que le regret de ne pas s'être exprimé à temps.

Aussi, maintenant, fini les faux-fuyants.

Je vous dédie ces mots, à vous qui tous les jours écrivez mon histoire, forcez mon respect ; vous qui avez croisé ma route, soi-disant par hasard et l'avez marquée à jamais. Je me décide enfin à vous offrir ces mots si difficiles à dire : *je vous aime.*

Colère

Je ne connais pas la colère, la vraie colère, celle qui éclate bruyamment, libère le cœur et le corps. Je ne connais que la rage sourde et malfaisante, tapie au fond de moi, et qui me consume lentement et prenant bien soin d'infester ce qui était encore préservé. Sa manière à elle de proclamer qu'elle est là et ne me lâchera pas de sitôt.

Du fait de sa puissance et de la force brutale qui s'en dégage, il me semble que la colère est masculine. Tout au moins celle qu'il me plairait d'éprouver. La colère féminine c'est autre chose, dangereuse, certes, du moins je le crois, mais plus sournoise, cynique et froide. Cette dernière est torrent glacé qui ravine, submerge, ravage tout sur son passage ; l'autre est volcan, explosion brûlante, dévorante, consumant la terre elle-même pour la faire sienne.

Je crois utile, parfois, de libérer cette force-là comme on crève un abcès trop longtemps enduré. Jouir ensuite de l'apaisement de l'âme.

Aurai-je la force de cracher ma colère ? Ce jour viendra peut-être. Plus tard. Reste la rage.

Peur d'enfant

Je dois avoir une dizaine d'années. Je suis dans ma chambre, allongée à plat ventre sur plancher, l'oreille collée contre. J'écoute. À l'étage au-dessous, mes parents se disputent, comme trop souvent. La tension s'accroît. Je la sens envahir l'espace, le rendre plus étroit. Mon corps est douloureux à force de se tendre, ma tête bourdonne, menace d'éclater. Je ne sais plus si je respire. Mes sens sont focalisés sur le drame qui se déroule en bas. Je voudrais ne plus entendre, fermer les yeux, mais c'est plus fort que moi, je dois savoir. J'écoute encore. Les insultent fusent, on s'époumone à trop gueuler, un objet éclate contre un mur. Et puis, soudain, le silence absolu. Plus terrible encore que les cris. J'écrase ma tête contre le plancher, mais je n'entends rien d'autre que les battements affolés de mon cœur qui martèlent mes tempes. Une peur panique m'envahit, dépose un boulet au creux de mon estomac, paralyse mes muscles et fait germer en moi ce doute horrible : sont-ils encore vivants ? L'idée m'est insupportable, je la repousse, sans réussir à la chasser vraiment. Et toujours ce silence, lourd comme un corps sans vie, pesant sur les minutes qui me paraissent des heures. Que faire ? Descendre ? Pour trouver quoi ! Ne pas bouger ? Attendre là, ravagée par l'angoisse ? Le son étouffé d'une porte que l'on ouvre et referme derrière soi m'arrive enfin. Une délivrance. Quelqu'un vient de sortir de la maison. Je me surprends à penser qu'au moins l'un des deux est vivant.

Mon esprit d'enfant s'en trouve presque soulagé. J'entends aussi de l'eau couler dans la salle de bain. Je fais le point, rassemble les morceaux, recoupe les indices, au bout du compte, tout a l'air d'aller bien.

Je me lève et vais m'asseoir sur mon lit. Je respire lentement, m'oblige à me calmer. Tout à l'heure, ma mère viendra me voir. Elle me dira qu'il n'y a rien de grave, je ne dois pas m'en faire, ce n'était qu'une querelle sans conséquences. Pour eux, sans doute. Je lui dirais que je vais bien, je suis grande maintenant, je peux comprendre, et ferai semblant d'avoir tout oublié. Ce soir, il me faudra dormir. Demain il y a école.

Le dessin

Tu commences d'un trait fin, incertain. Un crayonné léger. Ta main hésite. Puis les choses se précisent sans trop se dévoiler, mais, déjà, tu sais ce que tu vas faire. Le sujet est sans grande importance, prétexte à laisser dériver ton imagination. C'est à ce moment-là que tu te sens le mieux. Là, au creux de ton monde, univers protégé que je ne peux atteindre, où tout est si différent de ce que je connais. Nous sommes assises au centre du wagon, mais le voyage c'est dans ta tête qu'il se fait. Tant de choses sont à explorer que tu t'y perds, parfois.

Ensuite, tu passes à la couleur. Le pinceau glisse sur le papier du carnet de voyage. Le trait s'étire, paresseux, comme le temps qui défile, dans ce train qui nous berce.

Tu es tellement concentrée que rien ne saurait t'atteindre. Le tracé s'affirme, l'intention devient évidente et la vie apparaît sur la page. Magie, grâce, obstination, travail, tout cela est maintenant contenu dans le croquis. Tu soulèves légèrement la main, me regardes, souris. Je sais alors qu'il est fini. Tu griffonnes la date sans même y penser, tu es déjà ailleurs. Ton esprit s'est envolé et tu bondis après, de peur qu'il ne t'échappe. Tu as tourné la page sur l'esquisse à peine achevée et l'as rangée au fond de tes secrets. Tu la retrouveras plus tard, peut-être. Ta vie, tu la consacres à représenter le monde comme toi seule sais le voir. Tu dessines, transformes. Il y a tant à refaire.

S'il ne devait en rester qu'un

Quelqu'un m'a dit un jour qu'après trente ans de mariage, les mots *passion, amour, tendresse,* étaient usés. Ne reste plus alors que la résignation.

Ce mot-là je n'en veux pas. Je ferai en sorte que les trois autres ne s'usent jamais et qu'ainsi tu ne me vois pas, un jour, résignée.

La réunion

Qu'est-ce que je fais là, parmi ces gens ? Rien à leur dire. Une seule envie : partir. Mais je ne peux pas. Les réunions sont obligatoires ! C'est écrit en caractères gras dans la convocation. Alors je reste et j'écoute sans vraiment comprendre. Tout le monde parle en même temps. Certains affirment leur pouvoir, d'autres essaient simplement de montrer qu'ils existent. Il y en a qui revendiquent, il y en a qui vident leur sac. On appelle ça faire le bilan. Tentative incohérente et inutile. Perte de temps. Mais il faut être là. Présence obligatoire. Comme si cela pouvait effacer les absences passées. Je m'ennuie. Pourtant je ne parle pas, je ne bouge pas, je ne sors pas. Je fais ce qu'on attend de moi, comme toujours, et j'attends.

Sagesse ennemie

Quel méchant hasard distribue à l'un plutôt qu'à l'autre sa dose de raison ? J'ai passé du temps à creuser la question, tourné des pages, regardé des images, questionné les anciens. Rien. Pas même un début de réponse. C'est la vie, dit-on le plus souvent, faute de trouver mieux.

J'ignore pourquoi je suis devenue sage. La sagesse devrait pourtant se mériter. Je ne comprends pas, je n'ai rien fait pour ça. Ce que je sais : elle est logée là et elle me pèse. En compagnie des gens de mon âge j'ai souvent l'esprit ailleurs. Je me tiens à distance de ce qui les anime. Leurs jeux m'ennuient, leurs histoires ne m'intéressent pas, leurs sujets de discussion non plus. Pourtant je rêve d'insouciance et de rires aux éclats, de bavardages légers et de temps oublié. Je veux vivre comme ceux qui ont perdu le sens des mots *demain* et *conséquences.* Mais je n'y arrive pas. Je ne sais pourquoi il en est ainsi, ni comment y remédier. Je sais seulement qu'il faut faire avec. J'ai blanchi avant l'âge, voilà tout.

Bel oiseau

Elle était comme un oiseau sauvage, superbe et coloré. Image de vie et d'enthousiasme. Rien ne paraissait pouvoir l'abîmer et c'était pour moi tant de beautés réunies que je n'imaginais pas comment vivre sans elle. Je l'ai voulue pour moi. L'avoir à mes côtés, chaque jour.

Je l'ai attrapée et mise en cage afin de toujours la garder. Mais très vite l'oiseau a commencé à changer, ses couleurs se sont fanées, son chant arrêté, sa joie de vivre envolée.

Il est certains oiseaux qui ne pourront jamais vivre autrement que libres. Mieux vaut apprendre simplement à les regarder et espérer qu'un jour ils se laisseront apprivoiser. Mais ils ne seront jamais si beaux que seuls, face à l'immensité.

C'est terminé

Je la regarde s'approcher, te parler, te toucher peut-être. Tu vas lui sourire, moi je vais la haïr.

D'où vient ce sentiment hostile, fort à détruire en un instant ce qui a pris tant d'années à s'établir ?

Jalousie, je ne te supporte plus. Tu as créé la dépendance et fait de moi ton valet. Tu rôdes dans l'ombre, sournoise, perfide, et tu répands ton fiel.

Jalousie, oublie-moi. Ta cruauté malsaine me détruit peu à peu. Quand il te prend l'envie de jouer avec moi je ne suis que souffrance et désir meurtrier. Combien en as-tu poussé au désespoir, à la colère ? Trop. Pour moi, maintenant, c'est terminé. J'en ai fini de me battre. Et si je dois lutter encore, ce sera contre toi. Je déjouerai tes mauvais desseins, briserai ton emprise. Je chasserai ton nom aux confins du silence.

Il faut épurer

Dorénavant, ta plus grande tâche va être d'épurer. C'est ce que m'a dit un jour un ami écrivain. Il voyait à quel point cette mise en ordre était nécessaire dans mon écriture, mais sans doute n'imaginait-il pas à quel point elle l'était aussi dans ma vie.

Il arrive un moment où la famille, son passé, son histoire, ses origines, finissent par peser au point de vous empêcher d'avancer, boulet chevillé au corps et à l'âme, fardeau inévitable, comme ces mots inutiles qui encombrent une phrase et lui interdisent la légèreté. Cadeau de naissance. Reste plus qu'à souhaiter bonne chance ? Non merci. Mes efforts, aujourd'hui, tendent à briser ces entraves. Place nette. L'entreprise est ardue, plus que je ne l'envisageais. Je ne dis pas que je veux oublier d'où je viens, qui je suis. Juste me retrouver seule. Seule face à mes décisions. Je n'ai pas à me sentir coupable ni même responsable des erreurs passées, des tares accumulées.

J'ai façonné ma vie comme on modèle la glaise, à coup de doigts pressants, incertains ou rageurs. Ma vie est comme elle est. Mais à quoi bon se mentir ? A-t-on jamais le choix ? Tout est déjà écrit bien au delà des âges. Je suis ce qu'on a fait de moi, je revendique seulement le droit d'y ajouter ma touche personnelle. C'est ce à quoi j'aspire pour maintenant et demain. Avancer sans regrets, ni crainte d'un tribut à payer au nom de l'ascendance.

La course

À peine avais-je entrebâillé la porte que tu t'y es précipitée et l'as ouverte en grand. Tu m'as obligée à sortir de mon jardin d'enfance. Tu m'as dit : *il est temps, viens, la vie est ailleurs, elle t'attend. Ne perds plus ton temps à ces jeux puérils, pars*. Je n'ai pas tout compris sauf que désormais, c'était là-bas, qu'il me faudrait aller. J'ai déposé mes jouets, regardé au loin et fait un pas, le premier. La course a commencé, une course à perdre haleine vers cet ailleurs que l'on m'avait fait miroiter. Mirage inaccessible. Pourtant je ne traîne pas en route, je fonce. Mais ça ne suffit pas. Je continue de courir sans trop savoir où cela me mènera. J'ai la pénible impression que si je m'arrête un jour, ce sera pour me laisser aller à un dernier sommeil. Alors je continue, fébrile, toujours plus pressée. Qu'importe la souffrance, l'usure. Mécanique obstinée, je dévore l'espace et le temps. On peut en sourire et se moquer de moi. Je sais bien, moi aussi, que cette course je ne la gagnerai pas. Mais à l'inverse de ceux qui regardent passer, j'ai le mérite de croire que je suis sur la piste et que je participe.

La bonne place

Quelle belle expression chaque chose à sa place et une place pour chaque chose. Je regrette simplement de ne pouvoir l'employer pour moi-même. Souvent on me dit : *mets-toi là... ne te pose pas de ce côté-ci... on t'a gardé cette place... pousse-toi un peu, tu vois bien que celle-là est réservée à quelqu'un d'autre... pose-toi plutôt par ici...* Et à table, où va-t-on m'asseoir ? *Ah bon, vous êtes gauchère ?* Oui, je sais, pas facile à caser. Une vie décalée, toujours à déranger. On s'ingénie à m'indiquer où je dois me situer. Certains s'en font même un devoir. Vaste programme. Moi j'ai constamment l'impression de ne pas me trouver à la bonne place, la mienne. J'ai fini par douter de la trouver un jour.

Enfant déjà, j'étais très agitée, pas moyen de rester tranquille, alors tenir en place, imaginez !

Aujourd'hui je m'en moque, inutile que l'on me dise si je suis là où il convient que je sois. L'endroit approprié, c'est celui qu'il me plait de choisir. J'ai appris à voguer. Je file, poussée par les vents qui soufflent sur ma vie, portée par le flux des gens autour de moi. Je dérive doucement. Je visite. Je regarde et parfois comprends mieux la place de chacun.

Je ne vous dis pas merci

Étonnantes toutes ces choses que l'on a faites en me disant : c'est pour ton bien, tu nous remercieras plus tard. Elles m'ont toujours blessée et je ne me souviens pas d'avoir eu à dire merci à personne. Alors que l'on ne se soucie plus de ma vie, ni de moi ! Ma vie, je m'en charge. Et moi je me débrouille.

Le petit-déjeuner

Mon petit déjeuner se compose d'un verre de Coca, c'est tout ! L'idée est toujours délicate à faire passer autour de moi, surtout auprès de ceux qui ne me connaissent pas. Mais ils s'habituent vite et n'y pensent plus. Avec les parents, cela a été plus difficile. Au début ils ont bien essayé de me convaincre de l'absurdité de la chose, à coups de petites phrases lancées comme autant d'évidences. C'est mauvais pour la santé ! Moi je ne vois pas en quoi. Ce n'est rien de plus que de l'eau, du sucre et de la caféine. En quelque sorte, c'est exactement comme le café. Ce n'est pourtant pas comme ça qu'on t'a élevée... Tu ne peux donc rien faire comme tout le monde ! Tu sais ma fille... non, bien sûr, tu ne sais pas.... mais tu verras, un jour... Tu verras ! Ça fait vingt ans que je déjeune ainsi et je n'ai toujours rien vu venir. Mais je me tiens prête, au cas où !

Et puis un jour, sont venus les mots qui contrarient : *On n'a jamais vu une chose pareille chez des gens normaux !* Le mot était lâché. Mais pas envie de relever, pas cette fois. Le sujet n'en vaut pas la peine.

Les parents se sont épuisés tout seuls et ont abandonné le combat, faute d'adversaire. L'indifférence est une manière comme une autre, parfois, de s'en sortir. Aujourd'hui, l'affaire est entendue, ils ne discutent plus. Ils doivent se demander ce que je vais bien pouvoir encore inventer pour les contrarier.

Parents - enfants

Je comprends mieux, aujourd'hui, l'étendue de la tâche qui consiste à élever des enfants. Si vaste et tellement ingrate. À peine sont-ils capables de parler qu'ils vous reprochent déjà de ne pas les comprendre.

Je n'ai pas eu d'enfants et n'en aurai pas. Pour moi, il est trop tard. Ainsi en a décidé la vie, mais cela ne me manque pas. Je ne crois pas avoir *la fibre maternelle*, comme on dit. Quand on choisit de *donner* la vie, il faut avoir bien conscience du sens de ce verbe : *abandonner à quelqu'un sans rien demander en retour.* J'imagine ce que cela implique : à peine l'enfant est-il né qu'il faut accepter de le laisser grandir, se détacher, partir. Surtout ne pas essayer de le retenir en usant d'autorité ou de chantage. Si j'avais des enfants je souhaiterais les garder auprès de moi ou les voir revenir pour la seule raison qu'ils en auraient envie, et non obligés par le devoir. Mais comment susciter cette envie quand on doit, dans le même temps, imposer, souvent par la force, les règles et les limites qui permettent à l'enfant de se construire ? Où réside le secret de cette alchimie si particulière ? Je l'ignore, moi aussi, comme tous ceux qui se posent la question. Mais le fait est que j'en veux à mes parents de ne pas être ce que j'aurais voulu qu'ils soient, autant que je m'en veux de n'avoir pas réussi à devenir ce que j'aurais voulu être pour eux. Cependant la vie continue, mes parents s'accommodent de ce que je suis. Moi de ce qu'ils sont. Est-ce égoïste et lâche de ne pas vouloir d'enfants ? Probablement. Mais a-t-on assez d'amour à donner à sa progéniture, quand déjà, on n'en a pas beaucoup pour soi-même ? Il faut pouvoir s'aimer pour bien aimer les autres. Cela prend parfois un peu de temps. Pour certain, toute une vie n'y suffit pas.

Quelle chaleur !

Jour de plein été. Ma tête est vide, mon corps lourd, écrasé par la chaleur. Je n'en peux plus. Pas moyen de lui échapper. J'ai beau essayer de mobiliser mes idées, rien à faire. Tout n'est que confusion. D'habitude, elles jaillissent, se bousculent et je peux alors en piocher une au gré de mon humeur. Aujourd'hui, rien à saisir. A peine sont-elles nées qu'elles éclatent. Bulles de savon dans une atmosphère surchauffée. Inutile de réfléchir, cela ne mène à rien. Pourquoi résister à la torpeur. Je m'allonge, résignée, sur le sol à peine frais. Les yeux fixés sur le plafond au plâtre fendillé, concentrée sur le rythme régulier des inspirations et expirations qui s'enchaînent, lentement. Je reste là, immobile, suspendue à l'espoir d'un improbable orage.

L'écriture

Je ne sais pourquoi je me suis mise à écrire. J'ai toujours aimé les mots et le langage mais je n'avais jamais pris le temps de travailler sérieusement l'écriture, celle qui oblige à chercher le mot juste, la bonne tournure de phrase, celle qui ne trahit pas la pensée. Pourquoi ai-je attendu aussi longtemps ? Je l'ignore. Peut-être n'avais-je rien à dire, ou alors je ne savais pas comment le dire, ou bien n'étais-je pas prête à me livrer. Je sous-estimais le pouvoir des mots. Aujourd'hui c'est différent, quelqu'un m'aide à leur accorder de la foi. J'aimerais tous les connaître afin de mieux m'en servir. Ceux qui tranchent, durs, impitoyables. Ceux qui caressent, doux comme une brise d'été, aimables au regard de celui qui les lit. J'aimerais pouvoir les graver dans ma mémoire, qu'ils soient le prolongement naturel de ma pensée. J'agis avec les mots comme un buvard avec une tâche d'encre. Est-ce que je sais ce que je veux écrire ? Je n'en suis pas certaine mais j'ai idée de ce que je ne veux pas : aligner de jolies phrases pour le simple plaisir de l'oreille. A présent, je veux des mots pertinents. Rimes et vers m'ont amusée un temps, c'est déjà du passé. J'ai envie d'autre chose. Une rigueur qui rende mon écriture percutante ; une clarté qui fasse d'elle l'exacte traduction de ce que je suis. Pourquoi diable ai-je donc envie d'écrire. Peut-être pour m'occuper les mains dans l'espoir de détourner l'esprit de ses préoccupations. Ordonner ses idées, en faire un tri convenable, choisir le bon vocable, habiller les phrases, libérer l'expression, interdisent de penser à autre chose.

    Je fouille dans mes souvenirs pour en extirper ce qui mérite d'être relaté, mais, parfois, je m'égare. Conjuguer au passé peut être dangereux. Je me suis rendue compte avec stupeur que mes écrits parlent le plus souvent de moi. Je n'ai pourtant pas l'impression d'avoir grand chose à dire. J'essaie péniblement de m'écarter du sujet, peine perdue. Il faut croire que j'ai trouvé dans les mots une faille dans laquelle je m'engouffre pour percer au grand jour. Je dois faire attention. Je suis encore bien loin de maîtriser mes tentatives. Il va me falloir apprendre, apprendre encore, y consacrer du temps. Le jour viendra où j'aurai quelque chose à dire, et ce jour-là j'aimerais savoir l'écrire. En attendant j'affûte mes mots.

Stop

Pouvoir m'arrêter. Stop. Ralentir au moins. Me reposer un peu. Ne rien faire. Autant de choses que je m'interdis. Je n'ai jamais pu supporter le temps perdu. Parenthèse inutile. J'ai encore tant de choses à découvrir, à apprendre. Une vie ne me suffira pas. Je voudrais être un chat.

Tout feu, tout flamme

Tes silences sont plus parlants que ta voix. Il me suffit de sonder tes yeux teintés de la colère qui gronde, pour savoir à quel point tu m'en veux de ne pas te comprendre. Combien de temps passé à essayer, pourtant. Je sais interpréter les moindres soupirs, grimaces, attitudes, mais cela ne suffit pas à cerner ton humeur. La couleur de l'iris qui vire au brun, l'aile du nez qui se pince, la lèvre qui s'affine, le cou qui se raidit, autant d'indices à ne pas négliger si l'on veut éviter ton courroux. C'est un dragon aux griffes acérées, à la flamme vive, que tu caches sous ta délicate apparence. Il m'arrive de trembler devant la fureur de la bête, mais je ne peux m'empêcher d'être attirée aussi. J'ai pour le dragon une fascination sans limites. Comme lui, tu peux te montrer implacable. Comme lui, tu peux révéler une âme délicieusement charmante. Marcher à tes côtés, sans me faire dévorer par la bête mythique qui protège tes pas, m'oblige à rester éveillée, les sens en alerte, l'attention soutenue. Cela ne me déplaît pas, au contraire, j'en apprends davantage sur moi-même. J'ai découvert ainsi des ressources ignorées jusque-là, dans lesquelles il m'a fallu puiser pour susciter ton intérêt ou simplement suivre ton rythme.

Certaines exigent un diamant, en gage d'un amour éternel. Moi, je préfère un dragon, cœur ardent, flamme haute. Je sais pouvoir compter sur lui pour ranimer les braises d'un feu qui viendrait à mourir.

Trou noir

Cela fait plusieurs jours que je n'ai rien écrit. Même pas envie d'essayer. Peur de rester sèche. Un doute me prend : et si je n'avais plus rien à dire ? La mort dans l'âme je referme mon cahier. Je n'y ai rien noté. Je me sens vide. Face à moi, un trou noir, le même qui a mangé naguère une partie de ma mémoire. Je n'ai aucun souvenir d'avant l'âge de onze ans, tout juste quelques images furtives que j'ai peine à saisir. Pourquoi cet âge-là précisément ? Aucune idée. Longtemps j'ai cru que c'était normal, de ne pas se souvenir de sa petite enfance. Mais à force d'écouter les autres me parler de la leur, j'ai changé d'avis. Je crois que j'ai cherché à me protéger de moi-même. À force de fouiller les souvenirs de ma sœur, qui elle se souvient de tout, j'ai fini par me faire une idée de ce que ma mémoire veut me cacher. Cela me suffit. Je n'ai pas besoin d'en savoir davantage. En fin de compte, je m'en tire plutôt bien. J'ai pris le train en marche, et cela ne m'empêche pas de poursuivre le voyage. Il y a des souvenirs plus insupportables que d'autres. Inutile de s'en encombrer.

Le hasard ?

Je ne crois ni au hasard, ni aux coïncidences. Trop de choses se mettent en place au moment précis où elles le doivent sans que l'on ait eu à en décider soi-même - comme si, quelque part, bien au-delà des âges, un Grand Tisserand s'amusait à tresser des liens entre nous de la même façon que l'on tisse les fils d'une étoffe. Il nous entrecroise sur le métier de la vie, sans se soucier de savoir si l'on est d'accord avec ce qu'il fait de nous. *Hasard et coïncidences* ne sont rien d'autre qu'une trame de tissage déjà bien établie. Pour certains, ils sont plutôt heureux, pour d'autres beaucoup moins.

Moi je ne me plains pas. Bien que la fibre à laquelle mon destin est lié ne soit pas toujours lisse, je me suis souvent enrichie des rencontres dites fortuites proposées par le Grand Tisserand. Je lui fais donc confiance et espère qu'il en sera ainsi encore longtemps. Il serait dommage que mon fil soit coupé alors que je commence juste à apprécier d'être au cœur de l'ouvrage.

Bientôt Noël

De tous les mois de l'année, décembre est celui que je redoute le plus. Une angoisse sourde m'envahit dès le premier jour et ne me lâche que le dernier. Toutes les peurs qui m'habitent se matérialisent alors et me guettent, tapies derrière le mot Noël. Je donnerais cher pour échapper à l'événement. Rien ne m'oblige vraiment à y participer, mais si je cherche à m'esquiver, une culpabilité sans nom s'abat sur moi comme un vol de sauterelles sur un champ de blé, ne laissant derrière elles qu'un terrain dévasté.

Noël, chaque année, je me l'imagine plus insupportable que l'année précédente. Chaque année je me jure que c'est la dernière fois que j'accepte de jouer cette douce comédie. Mais chaque année je suis là, assise à ma place, autour de la table familiale. Je ne peux échapper à cette fatalité, et même si je le pouvais je ne suis pas sûre que je m'accorderais le droit de me dérober. C'est comme ça.

Et Noël se passe. Chaque fois le même constat : *hé bien tu vois, c'est fait, c'était pas si terrible finalement*. Pourtant, tous les ans, l'histoire recommence et c'est avec angoisse que je vois venir le début de ce fichu mois de décembre.

Un monde meilleur

Aujourd'hui, j'ai rajouté deux verrous sur la porte d'entrée. Il paraît que c'était nécessaire. *On ne sait jamais, avec ces escadrons de racailles qui sillonnent nos rues !* Pourtant, depuis que l'entrée est sécurisée, moi, je me sens moins rassurée qu'avant. Comme si le fait de parer à un éventuel danger conférait à ce dernier une réelle consistance et le plaçait là, juste derrière ma porte. On a beau faire, la peur, elle, ne s'arrête pas à une serrure. Elle s'infiltre à l'intérieur de la maison, glisse d'une pièce à l'autre, tel un spectre menaçant, prêt à toutes les audaces, laissant derrière elle des filaments d'angoisse qui imprègnent meubles et objets, contaminent les occupants du logis.

Je ne dis pas que je ne pensais pas à l'effraction ou au vol avant de me barricader ainsi, mais cela ne m'effrayait pas outre mesure. Je ne m'attardais pas sur la question. Je me disais que j'aviserais le moment venu et passais à autre chose. Une tendance naturelle me pousse à réagir aux incidents plutôt qu'à les prévenir. Me le reprocherait-on, cela n'y changerait rien. Aujourd'hui, mon regard s'égratigne sur ces points de sûreté nouvellement installés. Je me dis : *voilà donc le monde que tu es en train de bâtir, dans lequel tu es censée t'épanouir.* Donner trois serrures à forcer au lieu d'une. La belle solution ! J'aurais préféré faire autre chose pour tenir les rôdeurs à l'écart. Mais quoi ? Impuissance, tristesse, lassitude. Le bricolage, qui d'habitude me réjouit, aujourd'hui, m'a abattue et noué l'estomac.

La chasse

Un rat qui saute à l'eau pour sauver sa peau. Mon chien qui plonge derrière dans l'espoir de la lui faire. Moi qui regarde, sans rien dire. Trop tard pour l'appeler. De toute façon, il ne m'écouterait pas. L'instinct de la chasse est le plus fort.

Je les regarde nager, l'un et l'autre, le chien est endurant, le rat malin. À chaque fois que les puissantes mâchoires s'abattent sur lui, il plonge en eau profonde et disparaît au regard de son poursuivant qui happe l'eau sombre avec rage. Tôt ou tard, il faudra que le rongeur remonte à la surface. Le chien le sait. Il l'attend. Jeu cruel. Épreuve de force, de ruse, de patience.

Deux rats sur trois, sortent vainqueurs d'un tel affrontement. Il disparaît définitivement aux yeux et au flair de son agresseur, gagnant ainsi le droit de poursuivre sa route. Pour le troisième, en revanche, plus chétif ou moins malin, c'est la fin de la course. Il meurt, broyé par des crocs impitoyables.

Il paraît que la vie est ainsi faite. Proie ou chasseur, on ne peut échapper à la règle : *le plus fort élimine le plus faible*. Je vais donc voir à fourbir mes armes, puisqu'il y va de ma survie.

Surprise !

Je me suis mise à l'écriture, il n'y a pas longtemps. J'en découvre les rouages peu à peu. Cet exercice me titille les neurones, ma réflexion s'aiguise. Parfois cela m'oblige à veiller tard, ou me tient éveillée une partie de la nuit. Quand je suis sur le point de m'endormir, le corps à l'abandon, l'esprit libéré de ses garde-fous, surgissent alors les pensées les plus inattendues, souvent les plus intéressantes. Elles sont là, devant mes yeux mi-clos. Elles me narguent de toute leur vraisemblance. Elles semblent si faciles à saisir. Dès lors je n'ai qu'une envie : me lever, les prendre à mon filet, les arrimer à mon cahier, en finir avec elles. Mais mon corps s'y refuse. Ce lourdaud me retient. Il ne comprend pas. Rien à faire pour le bouger. Je rassemble alors mes idées, les passe en revue, sans cesse, je dois les imprimer dans ma mémoire paresseuse. Je sais qu'à mon réveil, très peu, voire aucune, auront survécu. La nuit ne fait pas de cadeaux, elle vole sa part sur la conscience et en nourrit les rêves. Cela fait des heures que je tourne dans ce lit. Je vais d'un bord, de l'autre, sans trouver le sommeil. Mon crâne tourmenté ressemble à une usine en pleine activité, même effervescence. Les moteurs tournent à plein régime. Et moi, qui n'est de contrôle sur rien. Incapable de stopper les machines. Je frôle la souffrance. Le flot de pensées après lesquelles j'ai couru tant de fois sans succès se déverse maintenant dans mon esprit accueillant. Je ne dispose de rien d'autre pour entraver sa course et attraper quelques souvenirs au passage, que d'un filet à trop larges mailles. C'est trop de frustration. Je me lève, sans tenir compte des protestations de mon corps qui rechigne. Je passe sans bruit dans la pièce d'à côté et là, dans la bienveillante pénombre, j'écris. Je note sur ma feuille tout ce qui me traverse. On pourrait croire que ce n'est que fouillis, magma sans cohérence, mais non. Les mots s'enchaînent parfaitement, avec aisance, se laissent aligner gentiment. Comme cela fait du bien ! Soulagement mêlé au plaisir intense d'avoir pu sauvegarder toutes ces phrases, d'habitude gagnées à l'arraché. Cette fois, je les retrouverai demain. Je peux me recoucher, fatiguée, mais l'esprit libre et léger. L'essentiel est écrit. Je n'ai plus à penser. Je vais pouvoir dormir, enfin. On s'était bien gardé de me dire que c'était cela aussi, l'écriture.

Pas envie de crier

Comment me faire entendre dans ce monde où les personnes que l'on écoute sont celles qui gueulent le plus fort - sans que personne ne se soucie de savoir si elles ont raison ou tort ! J'ai horreur d'élever la voix. Crier n'est pas dans mes manières. Comment m'y prendre, alors, pour que l'on me prête une oreille attentive ? On va me dire : *commence donc par raconter quelque chose d'intéressant.* En effet, cela paraît si simple. Je me demande si je ne vais pas plutôt abandonner l'idée saugrenue qui m'a prise tout à coup de me faire entendre. *Ne dit-on pas que le silence est d'or ?*

Ne parlons plus musique

La musique tient une grande place dans ma vie. Elle m'entoure de ses accords volages, me porte, elle est en moi. Parfois, avant même que je sois levée, un air venu je ne sais d'où s'empare de moi et m'entraîne à valser, imposant déjà le rythme de la journée qui s'annonce timidement. Des chansons de tous genres vont alors se déployer dans ma tête jusqu'au soir. Enchaînement infernal. Il est des jours où elles sont si présentes que je ne peux trouver le sommeil. Trop de bruit, trop de paroles, sensation de vertige. Dans la journée, je me surprends souvent, à fredonner. Conscience qui s'échappe, s'évapore dans ces chansons du bout des lèvres. Cela agace parfois mon entourage. Ressasser en boucle une même phrase musicale pendant des heures, disque rayé sur la platine, peut lasser, j'en conviens. Parfois, il m'arrive moi-même de trouver cela pesant. Certains de mes amis s'amusent de ma capacité naturelle à enregistrer toutes les musiques qui me traversent la tête. Ils passent près de moi, l'air de rien, l'allure désinvolte, et sifflotent des rengaines. Ils prennent ensuite des paris sur celle que je retiendrai et sur le temps qui me sera nécessaire pour la restituer. Il m'arrive de penser que je suis née du croisement improbable d'un être humain et d'un juke-box. Je ne sais qui, de mon père ou ma mère, a joué le rôle de la boîte à musique. Je suis à la merci du premier qui glissera une pièce dans la machine. Rien à faire. Impossible d'endiguer le phénomène. Mais je peux, peut-être, le tourner à mon avantage. Si certains ont pris parfois un malin plaisir à me faire danser à leur guise, tant d'année passées à marcher au son de la musique m'ont appris à tenir le rythme. Et s'il leur prenait l'envie, un de ces jours prochains, de m'entraîner dans un pas qui ne me plairait pas, je me permettrais de leur dire : *Halte là, l'ami ! je connais la chanson.*

Poivre et sel

Pourquoi tant de monde voudrait que je me fasse teindre les cheveux ? Comme si la vue de ma tête grisonnante leur était insupportable ! Mon indifférence face à ce problème a l'air de déranger et l'on me fait parfois comprendre qu'une tignasse poivre et sel, à mon âge, c'est bien regrettable. Pourtant je les aime bien, moi, ces fils d'argent qui accompagnent mes boucles brunes, les enrichissent de préciosité et les protègent du passage des modes. Certains voient dans mon refus de vouloir les masquer un manque de coquetterie. Libre à eux de se teindre en rouge, en bleu ou en violet si cela leur chante. D'autres, toutefois, m'accordent des circonstances atténuantes. Ils attribuent à la paresse mon abandon face à l'outrage des ans. Je veux bien leur laisser croire cela si ça leur fait plaisir.

La véritable explication est que j'ai décidé de laisser la nature choisir pour moi la couleur qui me convient. Il est bon, parfois, de lui déléguer le soin de s'occuper de soi. Il se trouve que le résultat me satisfait. Et puis, il paraît qu'il n'y a que les têtes folles qui ne blanchissent pas. De ce côté-là, au moins, je suis rassurée.

Le bon numéro

J'ai le sentiment étrange que les années impaires me réussissent mieux que les autres. Lorsqu'il m'arrive, de temps en temps, de faire le point sur les événements marquants de ma vie, force est de constater que tous ceux dont je me souviens avec bonheur sont associés à ces années-là. Je préfère laisser dans l'ombre de ma mémoire les souvenirs moins agréables mais je suppose que si j'en faisais le bilan ils se situeraient dans les années paires.

Affirmation ridicule, je le crains. Accorder foi à ce genre d'hypothèse frise la superstition. J'essaie donc de ne pas me laisser influencer par de telles balivernes. Mais tout de même, ne pourrais-je *passer mon tour* un an sur deux pendant quelque temps, juste pour voir ?

Secrets de famille

C'est incroyable le nombre de secrets qui entourent une famille, en tout cas la mienne. La première fois que j'ai été confrontée à cela, c'était lors d'un de ces grands repas qui n'en finissent jamais, à l'occasion d'un événement dont je n'ai plus souvenir. Tout le monde était là. Une tablée impressionnante. Parents, frères, sœurs, cousins, papi et mamie bien sûr, même *tante* Madeleine, pour moi une inconnue que la famille s'est appropriée. Tout ce petit monde se sustentait allègrement lorsque j'ai fait part à la cantonade de mon intention de réaliser un arbre généalogique, et que je comptais sur eux tous, ici réunis, pour obtenir des précisions. J'aurais annoncé la présence d'une bombe sous la table que cela n'aurait pas eu un effet plus dévastateur. Tout le monde s'est tu. Quelques nez baissés, des échanges de regards inquiets, des visages crispés. Comprenant que le sujet glaçait l'assistance, je me suis empressée d'ajouter que ce n'était peut-être pas une bonne idée. L'air est alors redevenu respirable, les conversations ont repris, j'ai continué à manger, sans rien dire. L'incident était clos.

Une autre fois, je venais d'avoir vingt trois ans, nous étions à table, mes parents et moi, lorsque ma mère me lança, de but en blanc : *ah, au fait, tu sais papi Rogers, eh bien ce n'est pas ton vrai grand-père*. Et elle a enchaîné, le plus naturellement du monde : *Tu veux un peu plus de poulet ?* Je ne sais pas ce qui m'a le plus choquée, la nouvelle en elle-même, la manière de me la présenter ou que l'on ait attendu si longtemps pour le faire. Je n'ai eu que quelques réponses évasives aux questions dont j'ai assailli ma mère ensuite. Je n'ai pas insisté. Inutile. Le sujet paraissait cadenassé. J'ai su, plus tard, par des voies détournées, ce que je désirais savoir sur mon vrai grand-père. Qui il était, ce qu'il avait fait, pourquoi on avait choisi de le laisser dans l'ombre, paria de notre histoire. Même si je comprends les raisons qui ont poussé les miens au silence, j'aurais préféré apprendre tout cela différemment, une annonce entourée de précautions

Je pourrais parler également de la tâche sombre qui s'accroche à mon bras, preuve irréfutable, m'a dit un jour un médecin, l'air triomphant de celui qui allume la mèche d'une fusée éclairante, que du sang noir était mêlé au mien. Je n'ai pas eu à le pousser beaucoup pour apprendre que cela remontait à la génération des arrières grands-parents. Pas si ancien que ça le faux pas, finalement !

Je pourrais raconter bien d'autres choses encore, mais à quoi bon ? Les recherches entreprises il y a bien longtemps sur mes origines sont tellement raturées qu'il n'y a rien à en espérer. Pourquoi tant de secrets, tant de peur ? Devient-on meilleur dans l'ignorance et le mensonge ? Je ne crois pas. La vie n'attend pas après cela pour dérouler sa toile sur le grand cadre du destin. S'ils savaient, tous ceux de ma famille, comme ils me font sourire avec leurs sermons à trois sou et les leçons de morale qu'ils s'autorisent à distribuer, eux, les prophètes blanchis de silence. Ils peuvent bien taire tout ce qu'il leur plaira. Aujourd'hui, la seule chose qui m'importe n'est pas de savoir d'où je viens, mais où je vais. Cela, sans me soucier de qui je traîne dans mon sillage.

De l'air

À quoi bon naître avec un cœur, si l'on doit passer sa vie à ériger des barricades pour le protéger des assauts permanents de l'existence ?

Le mien me pose problème depuis que je suis née. Trop grand, impossible à remplir. Trop fragile, prêt à éclater à la moindre pression. J'ai bâti de hautes murailles pour le mettre à l'abri et, ainsi me suis emmurée vivante. Il me faut aujourd'hui apprendre à les abattre. Ces remparts, vestiges du passé, ont fait de moi une prison. Mon cœur s'essouffle dans ce corps-cage trop étroit qui l'a pourtant préservé si longtemps. Lui, autrefois résigné à son sort, cherche maintenant à briser la forteresse qui le retient captif. Il rêve de s'évader, de repousser les frontières. Il aspire à s'ouvrir sans contraintes, à partager son langage. Tant pis si pour cela il lui faut prendre tous les risques, il est prêt. Prêt, aussi à se lancer dans l'aventure, à cœur perdu.

Un peu de lassitude

Il y a des jours où tout me semble inutile. Je sais d'avance que ce que je vais entreprendre est voué à l'échec. L'envie de rien me poursuit du matin au soir et je me noie dans le découragement. Tout est gris, jusqu'au ciel qui n'en finit pas de partir en lambeaux, abandonnant au vent ses ondées capricieuses. Je tourne en rond dans la maison, engluée dans ma morosité, laissant derrière moi des effluves empreintes de déprime et de mauvaise humeur. Décidément, rien ne m'intéresse.

Mais tout cela n'est que passager, je le sais, j'aime trop croire en quelque chose. L'abattement qui me mine finira par me quitter, faute de pouvoir me soumettre bien longtemps. Ce n'est qu'une question de patience. Alors attendons.

Bonne soirée !

Je suis plantée devant mon armoire depuis plus d'une heure, en proie à une indécision totale. Je n'arrive pas à choisir ce que je vais me mettre pour cette fichue soirée. *Et tâche de t'habiller correctement, pour une fois, qu'on n'ait pas honte de toi !* Les paroles de ma mère résonnent encore, petites aiguilles fichées dans ma tête. Elle sait choisir les mots qu'il faut. L'idéal serait une robe simple et de bon goût, mais de robe, je n'en ai pas. *Ce sera une soirée habillée, avec des gens bien.* Tout ce que j'aime. Je les imagine, ces gens biens, comme elle dit. Tailleur Chanel, bouche en cul-de-poule, petit doigt en l'air et gloussements de pintades pour les unes ; costume sur mesure, cravate stricte, cheveux bien coupés - pas un poil qui dépasse – et sourire figé, pour les autres. Mon estomac se noue rien qu'à y penser. Je m'y vois déjà, à cette réception, déambulant dans le beau monde, sourire affable, esprit ailleurs, recluse dans mes pensées. Je me tiendrai près du buffet, lui, au moins, ne manquera pas d'intérêt, une valeur sûre dans ce genre de soirées parfumées à l'excès. On me présentera l'aîné des fils Untel, gendre idéal par excellence - inutile de se demander ce qu'il deviendra celui-là, il suffit de regarder son père. Je rosirai un peu, ferai semblant de le trouver charmant et le fuirai à la première occasion.

Mes yeux sont fatigués de chercher l'impossible dans les vêtements empilés devant moi. Je me dis : *Je n'ai rien à me mettre ! Je n'irai pas !* Mon cœur s'envole, s'accroche à cette lumière déchirant le cours sombre de mes pensées. Ma raison, hélas, sait bien que cela ne suffira pas, il faudra plus qu'une mauvaise excuse pour échapper à cette corvée mondaine. Résignée, je finis par choisir, comme toujours, une chemise blanche de facture classique - je la garde pour les grandes occasions. Un pantalon léger, revers élégant et rayures fines qui donnent belle allure. Un peu de maquillage sur mon visage me fait une mine avenante - un clown prépare son entrée en piste. Je vérifie l'ensemble dans le grand miroir du salon. Tout cela est loin d'être parfait, je le sais, ma mère aura une petite grimace, mais je serai à la lisière du convenable et elle ne dira rien. Il ne me reste plus qu'à me convaincre que je vais m'amuser. Je me dis : *pense que tu vas à un joyeux bal costumé.*

Ma sœur

Je parle rarement de ma sœur, c'est pour moi un sujet difficile. Un lien fort nous unit. Pourtant, aujourd'hui, je n'entretiens avec elle qu'une relation lointaine. Peur de me faire mal à l'approcher de trop près.

Nous avons passé les quinze premières années de notre vie à nous chamailler, comme la plupart des frères et sœurs, je suppose. Toujours dressées face à face, dans un défi permanent, à vouloir ce que l'autre avait, à parler avant ou plus fort qu'elle pour accaparer l'attention. On s'aiguisait le caractère. Pourtant, quand il fallait faire front devant les foudres des parents, nous étions si soudées par la même volonté, qu'il était impossible pour eux de punir l'une sans l'autre. Pour cette bataille là, nous laissions nos querelles de côté le temps que l'orage passe.

Ainsi s'écoulaient nos vies, de petites guerres en coups d'État, de vaines colères en escarmouches. Accumulation de jours qui se suivent et se ressemblent. Et puis, il a fallu qu'elle parte. Elle a quitté la maison familiale pour s'installer loin de nous, dans une grande ville. Les études. Elle est de trois ans mon aînée. Ce que j'ai ressenti alors, je ne m'y attendais pas. C'était comme si l'on m'avait amputé d'un membre dont j'ignorai jusque-là l'existence. La douleur liée à sa disparition, elle, était bien présente. J'avais beau me convaincre que c'était mieux ainsi - je pouvais enfin jouir de tout ce que je lui disputais quelques années plus tôt - qu'il n'y avait pas assez de place pour deux. Il ne me restait qu'un vide impossible à combler. Elle me manquait.

À partir de ce moment-là je l'ai regardée d'une toute autre manière. Elle, qui autrefois m'asphyxiait de son ombre, éclairait à présent mes pas. J'attendais patiemment ses visites du week-end. on montait dans ma chambre, on bavardait des heures. Elle était devenue mon modèle. Il me paraissait évident qu'elle me traçait la voie, je n'avais qu'à la suivre. Elle m'aurait demandé l'impossible, je le lui aurais obtenu. J'ai suivi les même études qu'elle, malgré les protestations des parents. Selon eux, une artiste dans la maison suffisait amplement, et puis c'était du temps gâché, je n'étais pas aussi douée qu'elle, je n'arriverais à rien. Je ne les ai pas écoutés.

Qu'est-ce qui nous a éloignées l'une de l'autre ? Les années, bien sûr, des ambitions divergentes, des vies trop différentes, peut-être. J'ai tellement clôturé les abords de la mienne, de peur qu'on ne me la vole, que je l'en ai exclue. Un jour, elle m'a demandé de l'excuser de ne pas avoir été la grande sœur qu'elle aurait dû être pour moi. Je me suis alors sentie mal à l'aise, je n'étais pas là non plus quand elle a eu besoin de moi. Trop tard pour les regrets. Nous avions bien assez à nous dépatouiller de nous-mêmes, comment aurions-nous pu nous occuper de l'autre ?

Un récent incident survenu dans sa vie a fini de nous séparer. Aujourd'hui, j'appréhende ce qu'elle a à me dire, j'ai peur de la voir s'égarer, à nouveau, sur des sentiers encombrés d'étranges souvenirs. Je ne me sens pas apte à l'aider dans sa quête, de toute façon, je ne suis pas sûre qu'elle me laisserait faire. On ne se fréquente plus que de loin, on s'aime du bout du cœur, sans trop se déranger. Elle ne me demande rien, je ne lui demande rien. On s'appelle de temps en temps - *Tu vas bien ? oui. Moi aussi* - tout est dit.

Quel vacarme !

Certains s'imaginent que le développement excessif de l'un de nos sens est un avantage. À mon avis cela dépend du sens concerné. J'ai, pour ma part, le handicap - car je considère que c'en est un - d'avoir une ouïe extrêmement fine, ce qui m'astreint à vivre dans un vacarme permanent. Pour ceux dont l'audition est dite normale, les bruits qui nous traversent font partie de l'environnement naturel dans lequel ils évoluent. Seul le silence, parfois, peut leur paraître dérangeant. Pour moi, les choses vont à l'inverse. Je fuis les cris comme autant de vermines nuisibles. À mon oreille, le chant psychédélique du moustique résonne comme les grandes orgues d'un airbus au décollage. Je m'interdis les plaisirs de certains lieux nocturnes, panthéons des musiques amplifiées. Les progrès de la technique font de nos coins télé des salles de cinéma inappropriées à ma capacité d'écoute : la charge du Dolby-stéréo me fait serrer les dents alors que d'autres, à côté de moi, ne bronchent pas. Mes tympans sont sur la défensive. Je me sens souvent pourchassée, animal en sursis dans un royaume où le seigneur et maître a pour nom décibel.

La liste de ces nuisances serait trop longue à établir. Ce qui est sûr, c'est qu'il est difficile, dans ces conditions, de rester à l'écoute du monde et d'y trouver le repos. Une ouïe hypersensible amène à rêver du silence comme d'un baume apaisant sur les blessures occasionnées par la violence sonore.

Point d'interrogation

Qu'est-ce que le bonheur pour moi ? Si je devais m'encombrer que d'un objet, lequel ce serait ? Qui sont mes vrais amis ? Est-ce que je leur manque parfois ? Ai-je vraiment choisi le métier qui me convient ? Si c'était à refaire, prendrais-je une autre voie ? Autant de questions que je me pose régulièrement. Mes réponses sont changeantes, rarement satisfaisantes. C'est tout de même mieux que de ne pas en avoir.

Le collier

Je porte autour du cou un collier que j'ai réalisé moi-même il y a bien des années. En perles de rivière et bâtonnets d'argent, il n'a d'autre valeur que celle que je lui accorde. Il ne me quitte quasiment jamais. Sans lui, je me sens nue. J'évite alors les miroirs, de peur qu'ils ne me renvoient mon malaise et s'il m'arrive, pour une raison quelconque, de l'enlever, cela ne dure pas. Des années à le sentir là, suspendu à mon cou, en ont fait une extension de moi-même. Autrefois comme objet de parade, il est devenu bien plus que cela. Bouclier forgé sur l'enclume de mes peurs, il me protége des assaillants imaginaires qui voudraient me sauter à la gorge. Il est la preuve que ma tête est posée à sa place, sur mes épaules, il me redonne confiance quand le courage me fuit. Il m'a toujours suivie dans toutes mes entreprises, même insensées, ami fidèle et rassurant. Certitude à laquelle je peux me cramponner quand la réalité vacille.

Ce collier, de nature si fragile - un simple fil de nylon pour armature - a traversé les ans sans une égratignure, se jouant de l'usure imposée par le temps aussi bien que du cheminement des modes. Il est patience, joie, discrétion. Il est à moi. Aujourd'hui encore, je n'ai aucune envie de m'en séparer. Avancer sans lui, le cou nu, offert, privé de sa protection, me paraît toujours aussi improbable. L'âge et la raison n'ont pu venir à bout de cet enfantillage.

Superstition ? Peut-être. En tout cas, pour l'instant, j'aime le sentir à sa place, le voir arborer fièrement ses couleurs fatiguées et l'entendre chuchoter doucement, à mon oreille : *tout va bien, je suis là.*

Méfiance

J'étais proche d'un couple d'amis de mes parents. Quand j'étais petite, ils me gardaient après l'école en attendant que ma mère rentre de son travail. Elle : *nounou* patiente, attentive et compréhensive - elle savait comment me faire obéir, la vie se transformait en jeu et j'en découvrais les règles avec circonspection. Lui : ancien charpentier de marine, fabriquait des meubles et toutes sortes d'objets en bois qui enflammaient mon imagination d'enfant. Je passais des heures à le regarder travailler, apprenant la patience et buvant ses conseils comme un sirop.

Je les ai toujours connus heureux ensemble, si bien qu'ils ont fini par symboliser pour moi l'entente parfaite, véritable image du bonheur conjugal, sorte de poster rassurant que l'on punaise au mur de sa chambre pour se rappeler, quand le besoin s'en fait sentir que cela est possible.

L'année dernière, hélas, le poster s'est décollé. Ma *nounou* a tué son mari d'un coup de fusil de chasse et s'est pendue. Quelle qu'en soit la raison, le résultat est là, implacable. Au-delà du chagrin causé par leur disparition, et que rien ne peut remettre en cause, j'ai l'impression d'avoir été trompée, de n'avoir eu que la version romancée de l'histoire, mais surtout, je m'en veux de m'en être contentée. Le souvenir que je garde d'eux est à jamais sali par le remord de n'avoir pas su et plus sûrement pas voulu regarder au-delà de ce qui m'était donné à voir.

Touché !

Mais qu'est-ce que tu peux être lymphatique ma pauvre fille ! Dans un excès d'agacement ma mère m'a lancé l'adjectif à la face sans se douter de son impact sur moi. Elle m'aurait giflé que je n'en aurais pas ressenti une douleur plus forte. Le mot n'a pourtant rien d'abominable ni d'insultant, pourtant, le fait qu'elle ait pu me l'associer me laisse mortifiée. Lymphatique ! Moi qui ai tant de mal à canaliser mon énergie et mène sans cesse deux, voire trois projets de front ! Je passe mon temps à courir. Je m'agite souvent jusqu'à l'épuisement. Lymphatique ! Synonyme de mou, de lent ; des mots qui m'horripilent. Me qualifier ainsi équivaut à me plonger dans un torrent au plein cœur de l'hiver. Mon amour-propre en ressortirait glacé. Et tout cela pour quoi ? Parce que je traîne un peu le pas - marcher vite n'est pas dans ma nature - et qu'il me faut sans cesse trottiner pour maintenir l'allure imposée par ma mère, dont la démarche toujours pressée transforme la moindre promenade en véritable course à l'échalote !

Abri

Il existe un lieu connu de moi seule. Un endroit où je me rends quand le besoin s'en fait sentir, pareil à un radeau prêt à me recueillir lorsque mon cœur chavire et menace de sombrer. Havre de paix, isolé du monde et hors du temps. Pas besoin de carte ni de plan pour y accéder. Aucun chemin tracé pour guider les pas de celui qui le cherche. De toute façon il est inaccessible à un autre que moi. Quand je veux m'y retirer il me suffit de fermer les yeux et de laisser mon imagination se glisser dans le lit du fleuve intarissable qui l'irrigue. C'est là, dans ce monde irréel que j'ai bâti le plus concret de mes refuges.

Intox

Hier, dans la banlieue de Lyon, un adolescent âgé de dix sept ans a assassiné un enfant de cinq ans. Ce dernier avait refusé de céder à ses avances sexuelles.

La journée commençait pourtant bien. Je suis en vacances, le ciel est radieux. J'ai allumé la télévision pour écouter les informations. On ne peut se couper totalement du monde, il faut bien se tenir informé, ne serait-ce que pour avoir un sujet de conversation avec la voisine. Voilà à peine cinq minutes que j'ai appuyé sur le bouton de la télévision que déjà je le regrette. Elle n'en finit pas de vomir son flot de tragédies... *la deuxième bombe a explosé dans un bus, faisant trois morts et de nombreux blessés.* Le présentateur du journal s'obstine à me jeter à la face les atrocités commises par les hommes, comme s'il avait besoin de me convaincre de la cruauté de l'humanité. Son ton condescendant m'insupporte et ce qu'il dit me met le cœur au bord des lèvres. J'éteins le poste, trop tard, la journée est gâchée. J'aurais bien aimé avoir un peu de répit, aujourd'hui. Quelle idée m'a prise. Je m'étais pourtant juré de ne plus regarder la télé après avoir vu un de ces jeux idiots qui promettent gloire et richesse à des individus crédules, spécimens étonnamment communs de nos jours. Affligeant. Un monde à la dérive. Bien qu'on ne puisse les ignorer, je suis fatiguée de ces images de souffrance, de peur et de misère de toutes sortes. Elles déferlent tel un fleuve impétueux, menaçant de m'engloutir et m'entraîner au fond.

Aujourd'hui, j'aurais souhaité faire une pause, oublier un instant la violence et la haine, croire au jour qui se lève, rêver d'un avenir meilleur. Demain peut-être ? J'essaierai alors d'échapper à l'usure déprimante des infos quotidiennes. Je n'allumerai ni la télé, ni la radio, je ne sortirai pas, ne parlerai à personne. Je me réfugierai dans mon jardin secret, m'inventant des histoires dont on fait les légendes aux héros audacieux. Je suspendrai le temps, prendrai celui de voir venir. Je guetterai patiemment une aube généreuse, promesse de lendemains sous des cieux plus cléments.

Évidence

Certains diront que l'on a beau posséder la plus belle maison du monde dans un endroit de rêve, si on ne peut la meubler autrement que de silence et de solitude, on est loin d'être un homme riche. Pour autant on ne peut affirmer que silence et solitude sont signe de dénuement. Parfois, lorsque je me retrouve seule, dans la quiétude de la nuit, contemplant l'infini étoilé, j'ai l'impression d'accéder à la plus grande richesse.

Plaisir d'été

Corps allongés, serrés les uns contre les autres, masses luisantes, abandonnées aux caprices du vent, à la caresse brûlante du soleil. Une colonie de morses sur une île méconnue ? Non, une plage de la côte atlantique, au mois d'août. Ils sont tous là : les gros, les grands, les tout blanc, les trop roses - la soirée promet d'être douloureuse -, les habitués - faciles à reconnaître, installés aux meilleures places, face au soleil, le dos calé contre la digue, à l'abri du vent, la peau tannée par de longues journées océanes.

Certains s'agitent, raquette à la main ou ballon au pied. Pas question de rester à ne rien faire. Ils ont payé cher leur place au soleil et comptent bien profiter du temps passé sur le sable. Sable désormais invisible sous une irruption de serviettes bigarrées. Les cris lancinants des vendeurs de beignets se mêlent à ceux, stridents, des gosses qui n'en finissent pas d'ériger des forteresses éphémères, livrées à l'appétit des vagues. L'air est chargé des effluves exotiques de l'huile solaire aux indices toujours insuffisants. Un petit garçon fait pipi au pied de rochers sculptés par l'acharnement des marées, puis s'en va en courant. La dame installée là, tout à côté de la petite flaque, fait semblant de dormir. Un coup de sifflet retentit soudain, déchirant l'atmosphère étouffante. Le maître-nageur, tout droit sorti d'une série télé à la mode - lunettes dernier cri, maillot seyant et bronzage impeccable - veille à maintenir groupé entre deux drapeaux bleus, un congloméra de baigneurs, dont je fais partie, malmenés par une suite de rouleaux écumants. Une planche de surf vient de prendre son envol et passe à trois centimètres de ma tête. Raison supplémentaire, si besoin était, de regretter d'être là. Un choc sourd, suivi d'un grognement virulent, m'apprend que la planche vient de finir sa course dans les côtes d'un homme, juste derrière moi. Fuyant cette zone dangereuse, j'essaie de repérer ma place sur le sable, au milieu de centaines d'autres. Autant rechercher sa voiture dans l'immense parking d'une grande surface, un samedi après-midi. J'enjambe, écrase, contourne des corps allongés, immobiles, posés là comme autant d'obstacles entre ma serviette et moi. Enfin je la trouve, non sans mal, petit territoire réservé, protégé, du moins je le croyais. A peine me suis-je laissée tomber dessus que je reçois une grosse giclée de sable en pleine figure, bientôt suivi par d'autres. Un chien est en train de creuser un trou à mes pieds. Mon regard scrutateur se met à la recherche du propriétaire censé en être responsable et le trouve, pas très loin. C'est une charmante jeune femme. *On ne peut pas lui en vouloir, il cherche la fraîcheur*, me dit-elle l'air faussement désolée. Non, bien sûr, à lui, je ne peux en vouloir. Il n'a sûrement pas choisi d'être amené là et d'attendre pendant des heures sous le soleil. Saoulée par tant de bonheur estival, je m'en vais. Je quitte sans regrets cette plage qui me fatigue plus qu'elle ne me détend. De toute façon, la mer, c'est l'hiver que je l'aime.

Soupe à la grimace

Je ne voyais pas l'intérêt de passer des heures à cuisiner des plats qui seraient engloutis en cinq minutes par des convives plus affamés que sensibles à l'art culinaire. Quant à me mettre en cuisine uniquement pour moi, hors de question. Et puis, avec le temps, j'ai commencé à voir les choses différemment. J'ai réalisé que parfois, on apprend davantage de quelqu'un en partageant sa table plutôt que sa conversation. J'ai donc décidé qu'il était temps de me mettre à l'ouvrage. J'ai appris à marier saveurs, couleurs et parfums. Aujourd'hui, je prends plaisir à confectionner des plats dont la difficulté, autrefois, m'auraient épouvantée et je n'ai plus de complexes devant mes invités. Sauf quand il s'agit de ma mère. Je crois que je n'ai jamais cuisiné pour elle. L'idée ne m'a même pas effleurée. L'inquiétude, sans doute, d'avoir à prouver mes compétences dans un domaine où elle règne en maître, et de me retrouver ainsi sous le feu de ses critiques. À mon âge je crains encore d'avoir à enfiler le costume étriqué de petite fille incapable resté accroché à la porte de sa mémoire. Mais rien ne dit qu'elle se laisserait aller à des reproches. Peut-être le plaisir de me voir aux petits soins pour elle l'emporterait-il sur celui de m'assaisonner à sa sauce piquante. Comment savoir ? Tenter l'expérience ? Un jour, peut-être.

Un choix difficile

Je ne sais pas lequel des deux m'exaspère le plus. Celui-là qui se vante de savoir tout faire et n'entreprend jamais rien, ou cet autre qui ne voit pas plus loin que les accoudoirs de son fauteuil et se plaint avec force qu'il s'ennuie.

Bien réfléchi, je crois que les deux me sont insupportables.

Ailleurs

Quand j'écris, rien d'autre ne compte vraiment. Je chavire dans un monde immatériel. Alors, l'endroit où je suis, les gens qui m'entourent, les heures qui passent m'importent peu. Je ne suis plus que mine courant sur le papier à la poursuite de je ne sais quelle fantasmagorie. Lorsque je me relis, je découvre alors la justification de mon écriture. Je m'aperçois qu'elle traîne dans son sillage, comme toujours, des *pourquoi*, des *pour qui*, des *comment*, autant de requins insatiables qui naviguent dans l'eau trouble de mes incertitudes.

Un autre jour

L'hiver vient de s'achever et je n'ai rien écrit. Pas une ligne. Comme si ma vie s'était figée avec la froidure et venait seulement de se réveiller, taquinée par les premières douceurs printanières. À croire que je ne peux écrire autrement qu'équipée de lunettes de soleil, les doigts de pieds à l'air. Pourtant, les questions qui ne cessaient de me tourmenter n'ont pas disparu. Simplement, je n'avais plus envie de les affronter, espérant peut-être qu'elles disparaîtraient avec l'hiver. Mais il n'en est rien et je les retrouve aujourd'hui, aussi vivaces que de jeunes orties, fièrement parées d'élégance venimeuse, un air de défi plaqué sur chaque feuille. La mauvaise herbe ne meurt pas facilement, c'est ce qui la rend arrogante. Il faut bien plus que des rigueurs hivernales pour en venir à bout.

Je sais très bien que je ne peux me soustraire aux doutes et angoisses qui gangrènent ma vie : ils réapparaissent toujours. Quoi qu'il en soit, par cette belle journée ensoleillée, je n'ai pas envie de me tourmenter. Aujourd'hui je me laisse aller, ne pensant à rien. Je lâche prise et m'abandonne à la nature que le printemps exalte.

Aujourd'hui je dérive entre parenthèses.

Casse-tête

Je crois que je ne suis jamais satisfaite de la façon dont je suis habillée. J'ai remarqué qu'elle reflète régulièrement l'inverse de mon état d'esprit. Une apparence soignée dénote d'un profond mal-être alors qu'une tenue plus négligée témoignerais plutôt d'une relative quiétude. Consciente de ce processus, je cherche tout de même à rétablir l'ordre logique des choses. Un moyen, sans doute, de me rassurer. Je m'évertue donc à harmoniser mon apparence avec la couleur de mes émotions. J'avoue ne pas vraiment y arriver, pourtant je continue à chercher la veste ou le pantalon qui me réconciliera avec mon miroir et me fera m'exclamer : *voilà, ça c'est vraiment moi !* Cette quête de l'accord parfait, aussi ridicule qu'infernale me permet néanmoins de rester informée des dernières tendances de la mode, bien que cette dernière ne fasse pas partie de mes préoccupations.

Il m'arrive parfois de dénicher l'accessoire vestimentaire convoité. Je suis alors gagnée par la fièvre de l'explorateur qui a déniché un trésor et n'aspire plus qu'à le ramener chez lui. Une fois rentrée à la maison, j'installe *la merveille* avec précaution parmi mes tenues habituelles - lui accordant une place de choix, bien en vue - et me contente, après cela, de la regarder avec satisfaction. Je n'ose plus y toucher par crainte de l'abîmer. Voilà pourquoi, malgré tous mes efforts et la diversité de ma garde-robe, je me retrouve toujours habillée des mêmes vêtements dans lesquels, il faut croire, je ne me sens pas si mal.

Reviens

Absence d'un être cher, trou au milieu du cœur. Mes pensées vagabondent, fouillent les grandes étendues de campagne, le moindre buisson, les immenses forêts, espérant te trouver, petit grain de cristal à l'autre bout du monde. Un univers de manque nous sépare, mord ma chair à pleines dents. Je déroule mon esprit à travers l'espace et le temps, à ta recherche, mais ne trouve que le vide, douloureusement blotti contre moi, à ta place encore tiède. Ton parfum aux essences troublantes, tes sourires espiègles, ta peau délicieusement fragile, la chaleur de ton ventre. Tout me manque. Patience et impatience se disputent mon cœur comme deux oiseaux de proie une carcasse sanglante. Mon angoisse grandit au fur et à mesure que le jour décroît. J'ai peur de rêver de toi et davantage encore, de me réveiller sans. La nuit m'entraîne loin de mon corps raidi de solitude. Je m'échappe, te rejoins, m'enroule autour de toi, à t'étouffer presque. Plaisir des sens qui se mêlent, s'emmêlent, s'unissent dans un même souffle. Je sais que tu reviendras, mais quand ? Attente incertaine. Le temps s'étire à l'infini. Entends le cri que j'ai gravé en lui : *rejoins-moi, rejoins-moi, vite.*

Bas les masques !

On m'avait préparée, depuis mon enfance, à jouer un rôle qui n'était pas le mien. Aussi, ai-je pris l'habitude, très jeune, de me dissimuler derrière le masque de celle que l'on avait envie de voir. Je l'ai porté si longtemps que j'ai fini par perdre le souvenir de mon vrai visage. J'ai considéré cet écran de convenances comme faisant partie de moi-même, telle une bague que l'on porte à son doigt et dont on oublie peu à peu la présence. A force d'être reléguée au second plan, ma véritable personnalité s'est fanée, presque effacée. Le masque, lui, a joué son rôle à merveille, me mettant à l'abri des regards inquisiteurs, me confortant dans cette attitude de *faire semblant*. La poupée ainsi créée avait appris à dire oui - bien qu'elle pensât non - s'inclinait bas pour faire la révérence, souriait et pensait en silence. Et puis, un jour, quelque chose s'est mis à me démanger, derrière la fine couche de porcelaine qui me protégeait. Sensation désagréable de sentir où cela vous gratte sans pouvoir atteindre l'endroit. La colle qui maintenait le masque en place, mélange de secrets et de mensonges, a fini par m'irriter la peau, m'obligeant à libérer, non sans quelques appréhensions, l'expression d'un visage trop longtemps négligé. Je me suis alors sentie revivre, respirer comme si c'était la première fois, prenant l'air à grandes goulées, me délectant de sa fraîcheur. Je me sentais une autre et j'ai voulu garder cette sensation. Aussi, depuis ce qui s'apparente à une délivrance, j'avance à visage découvert, réapprenant peu à peu à être moi-même. Je ne souffre plus de ma visibilité, au contraire, je trouve en cela un moyen efficace de me dissimuler encore, si nécessaire. Les gens, aujourd'hui, ont tellement peu l'habitude qu'on leur parle franchement, que quoi qu'on leurs dise, de toutes façons, ils n'y croient pas. Alors pourquoi se compliquer la vie, s'inventer un personnage, qui n'est rien d'autre qu'une pauvre caricature de soi-même et se contenter de vivre à travers ce filtre illusoire ? Il n'y a rien à gagner à cela.

Le discours bricolé

J'aurais voulu avoir les yeux bleus, mieux, gris. Ceux qui font un regard dur, à vous geler sur place et vous faire regretter de ne pas être un pingouin. Mais j'ai des yeux marron. Deux billes roulées dans l'ombre brûlée, un ton des plus commun, d'une banalité affligeante. Inutile de compter sur eux pour me distinguer. Dommage. Mais puisqu'il ne peut en être autrement, je fais avec. Depuis longtemps je communique par le regard - l'habitude, sans doute, de n'avoir pas mon mot à dire. J'ai toujours pris plaisir à découvrir le sens caché des messages ainsi échangés avec mes interlocuteurs. De la sorte je les comprends mieux et me fait comprendre en retour. Mais aujourd'hui, le désir de partager mes sentiments et mes doutes devenu plus fort, de simples coups d'œil ne suffisent plus. Je cherche d'autres moyens d'expression, plus riches, propices à la confidence. Le choix de l'écriture m'a paru judicieux. Mais prendre un outil en main ne signifie pas que l'on sache s'en servir. Je cherche bien souvent mes mots, tourne autour du sujet sans réussir à le traiter vraiment. Mes phrases se juxtaposent comme les wagons d'un train de marchandises ; phrases égoïstes qui protègent jalousement leur contenu. Rien à voir avec l'enchaînement harmonieux de trilles et arabesques délicates formant le chant du rossignol. Un bricolage soigné, tout au plus un travail d'amateur, loin de me satisfaire, qui me laisse souvent démunie face à la page blanche. Pourquoi tout n'est-il pas aussi simple qu'un battement de cil ?

Drôles de vacances !

Je suis avec une amie et quelques touristes devant le musée d'Histoire Naturelle, dans l'attente de l'ouverture. Le gardien s'avance et annonce que les portes resteront fermées aujourd'hui : question de sécurité ajoute-t-il, l'air grave. Devant notre manque d'empressement à quitter les lieux, il précise, de mauvaise grâce, qu'un avion vient de s'écraser dans Wall-Street. Après quoi il nous plante là sans plus d'explications. Je me dis : *sûrement un coucou de tourisme qui a fait un looping de trop. Tout de même, s'écraser en pleine ville, pas de chance.* Je n'imagine pas autre chose. La visite de ce musée étant compromise, je décide de rejoindre le centre ville en métro, pour quelques emplettes avant le voyage de retour prévu le lendemain. Mon amie, elle, préférant y aller à pied, s'en va dans la direction opposée.

Cœur de Manhattan, dix heures du matin. Je marche en direction de la bouche de métro la plus proche. À l'entrée de celle-ci, les gens qui essaient de descendre se font aussitôt refouler, grossissant le flux déjà impressionnant de ceux qui en sortent. J'interroge des personnes qui me bousculent. J'aimerais comprendre ce qui se passe. Mon anglais approximatif ne me donne accès qu'à quelques brides de réponses : ... *métro fermé... un avion s'est écrasé... attentat... terroristes*. C'est suffisant pour me faire comprendre que quelque chose de grave est arrivé. Visages fermés, regards inquiets, allure pressée, tous ont l'air d'avoir peur. Je reviens sur mes pas, emportée par la marée humaine qui s'est maintenant répandue dans les rues. Je pense à mes amis - nous étions trois à avoir fait la traversée, besoin de vacances. Je suis inquiète. Les bouches de métro n'en finissent pas de vomir leurs flots affolés. Je ne pensais pas que les sous-sols de cette ville pouvaient contenir autant de monde. C'est maintenant un véritable raz-de-marée d'individus en proie à la détresse qui submerge les rues et les trottoirs. Un vent de panique les pousse en avant, faisant abstraction de toutes les règles qui maintenaient, jusque-là, un équilibre parfait entre piétons et véhicules. Impression de me trouver dans une fourmilière que l'on vient d'éventrer. Les taxis - nombreux à cette heure de la matinée - sont garés le long des trottoirs, portières ouvertes, radio à fond, afin de faire profiter des infos le plus grand nombre. Un attroupement s'est formé au pied d'un building. Je me colle à lui. J'ai besoin de rassembler mes idées, pas facile de se repérer dans une telle mouvance. Le rez-de-chaussée de l'immeuble devant lequel nous sommes arrêtés est garni d'écrans de télévision. Je m'écrase un peu plus contre les badauds cloués sur place -impossible de les faire bouger d'un pouce. Le groupe est silencieux, les visages tendus. Soudain, je vois : sur les écrans faces à moi, défilent en boucle les images d'une bombe volante percutant une énorme building. Ces images, je crois que tout le monde les a vues. Inutile de les décrire encore. L'horreur totale. Je reste hébétée, incapable de réaliser ce qui se passe, refusant d'y croire. À peine deux jours auparavant je chatouillais les anges, du haut de ce même édifice. Colosse engendré par des rêves de puissants, symbole qui s'embrase maintenant et se perd dans une épaisse fumée noire. Comment accepter cela ? J'ai l'impression d'être dans un mauvais film. Remix de la tour infernale, les effets spéciaux en moins. Et puis tout à coup, l'impensable. Le géant au squelette de fer vacille un instant et s'affaisse, entraînant son jumeau dans sa chute. Ne reste plus qu'un amas de poussière et le vide, immense, découvrant un ciel trop grand, dévoré par une nuée sombre. Comment décrire ce qui se passe alors autour de moi ? C'est au-delà des mots. Des gens se jettent à terre, la tête entre les mains, criant de désespoir, d'autres pleurent, les bras tendus vers le ciel dans une prière silencieuse. D'autres encore - tels que moi - restent figés, bouche ouverte, regard braqué sur les écrans, espérant je ne sais quel signe qui ne viendra pas. Une immense douleur, mêlée d'angoisse et de colère, s'échappe de l'ensemble du groupe. Je regarde enfin autour de moi et je réalise. Pour la première fois, j'ai peur. La situation s'affiche clairement dans ma tête : *ça va être la guerre, il ne peut en être autrement. Je suis coincée à l'autre bout du monde, dans un pays dont je maîtrise à peine la langue, sans argent* - nous n'avions changé que le nécessaire, le séjour devait durer moins d'une semaine. Un déclic dans ma tête. Réagir. Je dois retrouver mes amis dont je suis toujours sans nouvelles. J'ai besoin de les voir, les toucher, me raccrocher à eux, repères fixes dans cette réalité qui m'échappe. Direction l'hôtel. J'espère qu'ils auront eu la même idée. J'avance tant bien que mal, souvent entraînée malgré moi par la foule, engluée dans une masse anonyme de gens pris de panique. Je finis par atteindre la porte de l'immeuble où nous sommes logés. Le hall d'entrée est méconnaissable, envahi de bagages entassés pêle-mêle par des touristes épouvantés, désireux de quitter les lieux sans attendre. Ils ignorent encore que cela est impossible, les ponts sont fermés. Je piaffe devant l'ascenseur, maudissant ceux qui ne pensent qu'à descendre alors que je veux monter. Le nombre d'étages à gravir pour atteindre la chambre m'interdit l'escalier ! Enfin j'y arrive. J'ouvre la porte. Un soulagement, ils sont là. Nous nous jetons dans les bras les uns des autres en nous serrant très fort, besoin d'y croire. Instant de partage, d'émotion. Rien d'autre n'a d'importance à cet instant-là. Mais la trêve est de courte durée. Les hurlements des sirènes de pompiers nous rappellent à la réalité. Nous sommes maintenant réunis, certes, reste à affronter la suite des événements.

La chambre

Il me faut repeindre la chambre. Ce qui me pèse le plus n'est pas de choisir la couleur mais d'accepter que l'on consacre autant d'espace à un endroit où l'on ne fait que dormir. Si cela ne tenait qu'à moi, le lit serait posé n'importe où. Dans un coin du salon, du bureau ou encore de la bibliothèque, peu importe du moment que je puisse m'y écrouler le moment venu.

Mon aversion pour cette pièce vient sans doute du fait qu'enfant je m'y retrouvais souvent consignée. Obligation d'y faire la sieste - ce dont j'avais horreur - d'étudier - plus que je ne l'aurais souhaité -, mais bien souvent de rester là, à attendre, sans autre raison que la crainte d'affronter les querelles incessantes de mes parents. Ma sœur, elle, avait réussi à faire de sa chambre un refuge imperméable aux intempéries familiales. Une coquille tapissée de silence dans laquelle elle consacrait tout son temps au dessin. À travers lui, elle s'appropriait le monde. La mienne était devenue trop étroite, étouffante, si triste que les armures des chevaliers accrochés au mur en avaient perdu leur éclat. Une prison. Je ne pensais qu'à la fuir et privilégiais à outrance les activités en dehors de la maison.

Voilà sans doute pourquoi j'aime par-dessus tout les espaces ouverts. Des lieux à vivre comme on dit, vastes, décloisonnés, où tout se côtoie, se mélange, se partage, sans heurts.

Mais tout le monde ne veut pas vivre ainsi, je l'admets et j'accepte volontiers de dormir dans une chambre, en échange des secrets partagés d'une aventure à deux. Il n'en reste pas moins qu'il me faut la repeindre. Je vais donc choisir une couleur propice à la rêverie et laisserai la porte entrouverte.

Illusions

Une fois de plus, mon écriture me déçoit, je n'y crois plus. Quelques idées à la dérive sur l'océan de la littérature, à peine une larme, insignifiante et inutile comparée à ce que certains ont exprimé avant moi. Lorsque je réalise avec quelle magnificence ils ont offert à nos yeux avides ce que je n'ose même pas formuler pour moi-même, le courage m'abandonne. Comment peut-on écrire aussi différemment les émotions qui nous traversent alors que les mots disponibles sont les mêmes pour tous ? Où se trouve le secret ? Qui sont-ils ceux qui taillent et polissent le verbe de si belle manière qu'ils donnent naissance à des joyaux de style et d'élégance ? Moi, je ne réussis qu'à former de simples cailloux, impropres à exprimer ce qui me tient à cœur. Misérable cerveau confiné dans ce crâne au bord lisse que je torture en vain. Pourquoi ne m'obéis-tu pas ? N'as-tu aucun moyen de sortir de ta cage, de libérer les mots dans une envolée lyrique ? J'ai beau plonger mes mains dans le foisonnement infini du langage, je n'en retire qu'une matière trop fluide, inconsistante, qui coule entre mes doigts, insuffisante à faire germer une émotion. Liquidité de l'écriture refusant à mes phrases la moindre contenance. Une fois de plus, le doute s'installe, engloutissant mes illusions.

Mamie

Je suis allée rendre visite à ma grand-mère, dans sa maison de retraite. Elle est gentille Mamie. Toujours le mot pour rire, un sourire à claire-voie, sans complexe. Je ne vais pas la voir souvent, pas autant que je le devrais. Vieillesse et décrépitude me font peur. Elles agissent comme un miroir impitoyable où j'entrevois une image dégradée de moi. L'odeur qui remplit l'espace aseptisé de la maison de retraite de Mamie prend à la gorge et laisse dans la bouche un goût amer. Tous ces vieux réfugiés là, lorsque je les regarde, je ne vois que souffrance, tristesse et abandon. Je suis incapable de soutenir leur regard larmoyant, on ne sait jamais si la cause en est le fond de l'air trop vif - comme ils le disent - ou la conscience de la réalité. À moins que ce ne soit le flot de leurs souvenirs devenus trop nombreux qui les submerge et déborde.

Sur ce dernier point, ma grand-mère est surprenante. Elle se souvient très bien de sa jeunesse - le nom des galants qui la courtisaient, celui des villages qu'elle traversait à pied pour se rendre à l'école - mais elle ne se rappelle pas ce que je lui ai dit ou ce que l'on a fait l'instant d'avant. Ainsi j'ai répondu une trentaine de fois aux mêmes questions : *mais où habites-tu ma chérie ? Et ta sœur ? Que fait-elle déjà ? Tu es mariée ? Et ton chien, il va bien ? Tu es sûre que tu manges assez ? Parce que quand on mange pas on devient fou, tu sais.* J'ai visité trois fois d'affilé la salle à manger -

place forte où les repas ponctuent le monologue du temps qui s'étire. J'ai salué poliment, chaque fois les cuisinières ; échangé avec elles des sourires entendus ; dit bonjour à des vieilles dames sans âge, au regards scrutateurs. J'en ai entendu des compliments : *elle est bien jolie cette petite... Elle sent bon... Comme elle est fraîche...* Impression désagréable d'être une pâtisserie offerte à un banquet de bienfaisance. J'ai également repoussé les demandes en mariage de quelques prétendants, que l'un d'entre eux, lèvre tombante, œil brillant et main leste, semblait pressé de consommer. Je suis restée une heure assise dans le parc, à m'extasier sur le vol organisé des pigeons, le retour précoce du rouge-gorge, le roucoulement entêtant d'une tourterelle à collier. Jamais je ne m'étais autant intéressée à la vie des oiseaux mais j'aurais fait n'importe quoi pour sortir ma grand-mère du silence qui l'absorbe trop souvent. Je l'ai fait rire autant que c'était possible. Mais plus je la voyais joyeuse, plus j'avais le cœur serré. J'aurais dû me réjouir avec elle de ces moments de bonheur partagé. J'en étais incapable. Je ne pouvais m'empêcher de penser à son quotidien dans un monde contenu dans trois mots : lit, fauteuil, télévision. Comment une vie peut-elle se résumer à si peu de chose ?

L'après-midi s'est passée de promenades en bavardages ; joies simples, souvenirs communs. Puis le moment de se dire adieu est venu. Je l'ai embrassée sur les joues et lui ai promis de revenir bientôt. Je me suis alors dirigée vers la sortie, sans oser me retourner, par peur de ce que j'aurais pu lire sur son visage.

Je ne sais pas encore comment je trouverai la force de tenir ma promesse. Difficile d'accompagner un être aimé dans ses derniers quartiers. Regarder la vie qui trébuche, s'essouffle et tire sa révérence.

Instants précieux

Tout me paraît étrangement calme et paisible aujourd'hui. Il y avait longtemps que je n'avais pas ressenti une telle sérénité. Ni peur, ni colère. Rien que la sensation d'être enfin en paix avec moi-même. Moment de plénitude suffisamment rare pour que je le savoure comme un mets délicat. L'air frais de ce matin d'automne me couvre de son manteau brumeux et m'oblige à me redresser. Je me soumets avec plaisir, j'ai l'impression de faire partie du monde. Je plonge à l'intérieur de moi, à la recherche de quelque explication sur cet état nouveau. Je suis heureusement surprise de ne pas trouver plus de résistance à cette auscultation. Quelque chose a changé, c'est certain. Cela durera-t-il ? L'avenir le dira. En attendant je suis là - grain de sable déposé sur la plage du temps qui s'écoule – rituel immuable. Je me sens bien. Le reste peut attendre.

Rêve de gloire

Je mentirais en disant que je n'ai jamais rêvé de notoriété. Cela m'arrive parfois. Désir de reconnaissance. Une manière comme une autre d'exister, de me sentir importante et aimée. Plaisir aussi de tirer mon petit feu de Bengale dans le grand feu d'artifice de la vie. Et tant pis si la lumière qui en jaillit colore le monde d'illusions, cela fait du bien de faire semblant d'y croire.

Pour certains, la célébrité est un besoin vital et toute leur existence est bâtie autour de cet objectif. Pour moi, cela reste une envie - un caprice peut-être - en tout cas rien d'essentiel à mon équilibre. Et puis, être exposé en pleine lumière, livré aux regards sans concessions, exige une assurance et une confiance en soi que je suis loin d'avoir acquise. Tout le monde n'est pas fait pour résister au feu de la renommée. Si parfois des rêves de grandeur me brûlent de leurs rayons ardents et m'aveuglent de leur éclat, ils me ramènent le plus souvent vers une apaisante pénombre, sanctuaire de mon âme. Là, perdue dans mes pensées, à l'ombre de moi-même, je me retrouve.

Que d'histoires

Mes récits ne parlent que de moi, de mes interrogations face au monde, ce qui pourrait laisser croire que je n'ai rien d'autre en tête que moi, encore moi, toujours moi, alors que j'y ai aussi des tas de créatures et d'histoires féeriques. Ces histoires se croisent, se mélangent, se bousculent et j'ai du mal à ne pas me laisser entraîner dans leur ronde. Elles se faufilent jusque dans mes nuits, les rendent plus agitées encore que mes jours. Difficile de trouver le repos. Pourtant lorsque la réalité me malmène, c'est en elles que je trouve refuge. Il me suffit de m'accrocher à l'une d'elles pour partir loin, ailleurs, là où je me suis imaginé une vie à la hauteur de mes espérances.

Ces histoires, j'aimerais savoir les écrire, mais le plus souvent, j'ai beau essayer de les épingler à ma page blanche, elles m'échappent et se replient dans un recoin de mon cerveau - jeu de cache-cache dont elles sortent toujours vainqueurs. Et quand je ne pense plus à elles, voilà qu'elles ressurgissent et m'emportent dans leur course qui recommence. Alors, tant pis, faute de les avoir écrites, je les garde pour moi. De toute façon, il n'est pas certain qu'elles auraient plu à d'autres.

Et demain ?

Depuis toujours, je construis ma vie pas à pas, les yeux résolument tournés vers demain, comme la fleur de tournesol cherche la lumière. Regarder en arrière ne me réussit pas. Je ne connais que deux modes de conjugaison : présent, futur. Simple, efficace. Je ne sais pas très bien ce qui me fait avancer, ni après quoi je cours, mais chaque enjambée vers cet avenir incertain conforte mes choix. Je fais le tri de ce que j'ai envie de garder avec moi au fur et à mesure que j'avance sur le sentier cahoteux de mon existence. L'heure du grand ménage a sonné pour moi, réveillant de vieilles exigences. Autrefois, je me laissais docilement entraîner - par complaisance ou paresse - dans des histoires qui ne m'apportaient rien. Ma patience s'est émoussée au contact rugueux de ces expériences finalement sans intérêt. Aujourd'hui, j'évite d'encombrer mon carnet d'adresses de noms inutiles, véritables sangsues de la mémoire. Je suis passée d'une vie peuplée de papillonnages éphémères à *autre chose*. Il m'est impossible de définir quoi. Je sais seulement que je suis animée d'un désir croissant d'authenticité. Une vie ramenée à l'essentiel, les yeux grands ouverts sur l'étrangeté du monde. Cela me convient. J'ai perdu bien des certitudes dans cet effeuillage de l'être que je pratique jour après jour. Je les ai abandonnées sans regrets comme un serpent se débarrasse de sa peau. Mais, en contrepartie, j'ai gagné une frénésie d'aller de l'avant, d'avancer coûte que coûte, un appétit renouvelé pour ce qui m'attend et dont j'ignore tout. Quoi que se soit, je suis décidée à y faire face et en obtenir le meilleur.

Fille de glace

Je me vois, taillant dans un bloc de glace. Près de moi, un homme assis dans un fauteuil, les yeux figés. Il est aveugle. Son regard de paraffine laisse deviner l'obscurité qui empoisonne son univers. Il attend, statue immobile faisant écho à celle que je suis en train de sculpter pour lui. Une œuvre à offrir à ses mains, un rayon de lumière pour son cœur. Sous mes doigts maladroits, raidis de froid, le buste d'une femme émerge lentement de sa gangue de glace. Les paumes à plat sur la surface lisse, je palpe les formes que j'ai fait naître, vérifie le plaisir qu'elles procurent. La toucher ainsi, sans la moindre pudeur, affermit le lien qui nous unit, elle et moi - fil fragile entre sa conscience froide et mes pensées fiévreuses. Je la sens qui m'aspire, m'attire dans son désir de vivre. Elle veut tout ce qui est moi et je le lui donne. Je remplis son âme insensible de ce que j'ai aimé et qui a réchauffé mes jours - souvenirs aux fragrances intenses. L'odeur d'un sous-bois après une pluie d'été, les nuages fuyant la colère de l'orage, la couleur de tes yeux quand ton regard se fait caresse, ton sourire aussi, je les y ai mis. Je me déverse en elle, grisée par la conquête d'un nouveau territoire. La naissance de la fille de l'hiver est en train de s'achever. Je me sens vidée de toutes sensations alors qu'elle irradie d'énergie vitale. Un dernier geste lui donnera la vie : je soulève la sculpture aux facettes argentées et la dépose avec précaution devant l'homme au regard absent. Avec douceur, je prends ses mains dans les miennes et les place délicatement sur la peau givrée de la muse - offrande à son imagination. Tout d'abord surpris par la morsure brûlante de la glace, ses doigts vont peu à peu à la découverte du corps qui leurs est offert. Les formes doucement arrondies, les contours, les creux dissimulés, tout se dessine dans sa tête faisant naître un sentiment unique. Plaisir des sens qui déferle et prend possession de lui. Moi je reste là, tapie dans le silence, osant à peine respirer de peur qu'il ne se brise et emporte avec lui la magie de l'instant. J'observe la scène, mal à l'aise dans la peau du voyeur invisible - impression de salir ce qui ne doit pas l'être -, néanmoins incapable de détacher mes yeux du spectacle que j'ai moi-même ordonné. Une larme se met à rouler sur la joue de l'aveugle et s'enfuit dans la courbure de son cou. Quelque chose en moi s'envole alors, laissant mon cœur aussi léger qu'une fleur de coton.

    Soudain un crissement de pneus déchire la douceur de ma nuit. La réalité vient de me rattraper. L'esprit embrumé, je m'extirpe à regrets du songe dans lequel je baignais. J'ai du mal à rassembler mes idées, jamais un rêve ne m'avait laissé une telle sensation de partage.